The Mysterious Case of the Missing Fika: Short Stories for Swedish Language Learners

Artici Bilingual Books

Published by Artici Bilingual Books, 2024.

THE MYSTERIOUS CASE OF THE MISSING FIKA: SHORT STORIES FOR SWEDISH LANGUAGE LEARNERS

First edition. May 1, 2024.

Copyright © 2024 Artici Bilingual Books.

ISBN: 979-8224766079

Written by Artici Bilingual Books.

Table of Contents

Den gåtfulla omfamningen av Elinborgstorg

I hjärtat av Stockholm, där kullerstensgator slingrar sig som serpentiner av viskningar, ligger Elinborgstorg. Det är en plats där skuggor dansar med hemligheter, och varje hörn gömmer en berättelse som väntar på att vecklas ut. Bland labyrinten av gränder och pittoreska kaféer finns en märklig kuriosabutik, känd endast för dem med smak för det extraordinära.

Inuti detta förråd av underverk stånkar hyllorna under tyngden av udda ting och kuriosa från osedda länder. Ägaren, Herr Magnusson, en man av gåtfull uppträdande och vilda skägg, regerar över sitt rike med en glimt i ögat och en historia på läpparna.

En tråkig eftermiddag stötte den unge Gustav på Elinborgstorg när han jagade en flygande drake. Hans ögon vidgades när han såg den märkliga butiken, dess fasad prydd med glittrande prylar och arkaiska symboler. Nyfiken, gick han in, och dörrklockan klingade välkomnande.

Herr Magnusson betraktade pojken med en glimt i ögat. "Välkommen, unga resenär. Vad för dig till min lilla boning?"

Gustav, nyfikenhet väckt, svarade: "Jag söker äventyr, herr. Berättelser som ska rycka mig bort från det vardagliga."

Med en gest producerade Magnusson en dammig volym bunden i blekt läder. "Åh, då har du kommit rätt. Se här, 'Krönikorna från Elinborgstorg.' Men hör min varning, unga Gustav, för inom dessa sidor ligger både underbara och farliga historier."

Obesvärat accepterade Gustav ivrigt volymen, dess vikt tung av löften. Han slog sig ned i en sliten fåtölj vid den sprakande öppna spisen medan Magnusson förtrollade honom med berättelser om förlorade skatter och glömda riken.

När skymningen sänkte sig över torget fann sig Gustav försjunken i en historia om en förbannad amulett som sades ge sin bärare obeskrivlig makt. Förtjust av Magnussons berättarförmåga märkte han knappt hur skuggorna närmade sig, kastande butiken i ett skrämmande sken.

Plötsligt exploderade dörren, och en figur klädd i mörker svepte in i butiken. Gustavs hjärta bultade när Magnussons min mörknade, en fläkt av rädsla dansade över hans drag.

"Herr Magnusson," väste figuren, "Du trodde att du kunde undkomma mig för evigt, men tiden har kommit att reglera vårt skuld."

Gustav såg i skräck när Magnusson sträckte sig efter en flaska med skimrande vätska dold under disken. Med en snabb rörelse kastade han den mot inkräktaren och löste ut en bländande ljusblixt som översvämmade rummet.

När Gustavs syn klarnade fann han sig stående i en månbelyst glänta omgiven av höga träd. Förvirring dimmade hans sinne när han sökte efter tecken på Magnusson eller den mystiska figuren.

"Välkommen till det förtrollade skogen, unga Gustav," ekade en röst från skuggorna.

Förskräckt vände Gustav sig om och såg en skimrande gestalt framträda ur mörkret. Hon var efterskänkande, med ögon som glittrade som stjärnor och ett leende som kunde tina det kallaste av hjärtan.

"Jag är Elara, väktare av detta rike," sade hon, hennes röst som en mild bris genom träden. "Du har snubblat in i en värld bortom dina vildaste drömmar, där magi regerar överlägset och äventyr väntar runt varje hörn."

Gustavs hjärta svällde av spänning när Elara ledde honom djupare in i skogen och berättade om mytiska varelser och gömda skatter. Tillsammans korsade de grönskande ängar och förtrollade gläntor, deras skratt blandades med näktergalarnas sång.

Men när gryningen bröt över horisonten vände Gustavs tankar till Elinborgstorg och den ofullbordade berättelsen om Herr Magnusson. Med ett tungt hjärta tog han avsked av Elara och underverken i den förtrollade skogen, fast besluten att lösa de mysterier som väntade honom hemma.

När han steg ut ur skogen fann Gustav sig stående igen i Elinborgstorg, de första solstrålarna kastade långa skuggor över kullerstenarna. Butiken stod framför honom, dess fönster upplysta av löftet om nya äventyr.

Med en känsla av syfte brinnande i sitt bröst öppnade Gustav dörren och gick in. Herr Magnusson välkomnade honom med ett kunnigt leende, som om han hade förväntat sig honom hela tiden.

"Åh, unga Gustav," sa Magnusson, hans ögon glittrade av skoj. "Jag ser att du har återvänt från din resa oskadd. Men berätta mig, fann du vad du sökte efter?"

Gustav nickade, en känsla av förundran och beslutsamhet strömmade genom hans ådror. "Jag kanske inte har funnit de svar jag sökte, Herr Magnusson, men jag upptäckte något långt värdefullare - en värld av oändliga möjligheter och modet att söka dem."

Och så fortsatte Gustavs äventyr på Elinborgstorg, varje dag medförde nya mysterier och oväntade möten. Men bland magins och underverkens berättelser förblev en sak säker - Elinborgstorgs gåtfulla omfamning skulle alltid ha en speciell plats i hans hjärta.

The Enigmatic Embrace of Elinborg Square

In the heart of Stockholm, where cobblestone streets wind like serpentine whispers, lies Elinborg Square. It's a place where shadows dance with secrets, and every corner hides a tale waiting to be unfurled. Amongst the maze of alleys and quaint cafes, there is a peculiar curiosity shop, known only to those with a taste for the extraordinary.

Inside this emporium of wonders, shelves groan beneath the weight of oddities and curios from lands unseen. The proprietor, Herr Magnusson, a man of enigmatic demeanor and wild whiskers, presides over his domain with a gleam in his eye and a tale on his lips.

One dreary afternoon, young Gustav stumbled upon Elinborg Square while chasing a runaway kite. His eyes widened as he beheld the curious shop, its façade adorned with glistening trinkets and arcane symbols. Intrigued, he ventured inside, the doorbell tinkling a melodic welcome.

Herr Magnusson regarded the boy with a twinkle in his eye, "Welcome, young traveler. What brings you to my humble abode?"

Gustav, his curiosity piqued, replied, "I seek adventure, sir. Stories to whisk me away from the mundane."

With a flourish, Magnusson produced a dusty tome bound in faded leather. "Ah, then you've come to the right place. Behold, 'The Chronicles of Elinborg Square.' But heed my warning, young Gustav, for within these pages lie tales both marvelous and perilous."

Undeterred, Gustav eagerly accepted the tome, its weight heavy with promise. He settled into a worn armchair by the crackling fireplace as Magnusson regaled him with stories of lost treasures and forgotten realms.

As twilight descended upon the square, Gustav found himself engrossed in a tale of a cursed amulet said to grant its bearer untold power.

Enthralled by Magnusson's storytelling prowess, he scarcely noticed the shadows creeping closer, casting the shop in an eerie glow.

Suddenly, the door burst open, and a figure cloaked in darkness swept into the shop. Gustav's heart raced as Magnusson's expression darkened, a flicker of fear dancing across his features.

"Herr Magnusson," the figure hissed, "You thought you could elude me forever, but the time has come to settle our debt."

Gustav watched in horror as Magnusson reached for a vial of shimmering liquid concealed beneath the counter. With a swift motion, he hurled it at the intruder, unleashing a blinding flash of light that engulfed the room.

When Gustav's vision cleared, he found himself standing in a moonlit clearing surrounded by towering trees. Confusion clouded his mind as he searched for any sign of Magnusson or the mysterious figure.

"Welcome to the Enchanted Forest, young Gustav," a voice echoed from the shadows.

Startled, Gustav turned to see a shimmering figure emerge from the darkness. She was ethereal, with eyes that sparkled like stars and a smile that could thaw the coldest of hearts.

"I am Elara, guardian of this realm," she said, her voice like a gentle breeze through the trees. "You have stumbled into a world beyond your wildest dreams, where magic reigns supreme and adventures await around every corner."

Gustav's heart swelled with excitement as Elara led him deeper into the forest, recounting tales of mythical creatures and hidden treasures. Together, they traversed verdant meadows and enchanted glades, their laughter mingling with the song of the nightingales.

But as dawn broke over the horizon, Gustav's thoughts turned to Elinborg Square and the unfinished tale of Herr Magnusson. With a heavy heart, he bid farewell to Elara and the wonders of the Enchanted Forest, determined to unravel the mysteries that awaited him back home.

As he stepped out of the forest, Gustav found himself standing once more in Elinborg Square, the first rays of sunlight casting long shadows across the cobblestones. The shop stood before him, its windows aglow with the promise of new adventures.

With a sense of purpose burning in his chest, Gustav pushed open the door and stepped inside. Herr Magnusson greeted him with a knowing smile, as if he had been expecting him all along.

"Ah, young Gustav," Magnusson said, his eyes twinkling with mischief. "I see you've returned from your journey unscathed. But tell me, did you find what you were looking for?"

Gustav nodded, a sense of wonder and determination coursing through his veins. "I may not have found the answers I sought, Herr Magnusson, but I discovered something far more valuable—a world of endless possibilities and the courage to seek them out."

And so, Gustav's adventures in Elinborg Square continued, each day bringing new mysteries and unexpected encounters. But amidst the tales of magic and wonder, one thing remained certain—the enigmatic embrace of Elinborg Square would always hold a special place in his heart.

Ekot

I hjärtat av Stockholm, ligger en glömd del av staden - en plats där tiden tycks stå stilla.

I kärnan av detta uråldriga kvarter står en gammal hyreskasern, dess blekta tegelväggar bär ärr från svunna år. Det är här, i en svagt upplyst lägenhet på översta våningen, som vi finner Anna, en ung kvinna med ögon så blå som Östersjön och en själ lika häftig som de nordliga vindarna.

Annas dagar tillbringas med att slita bort i Stockholm Stadsbiblioteks labyrintiska korridorer, där hon tjänar en skral lön med att katalogisera dammiga böcker och glömda manuskript. Men under hennes stillsamma yta döljer sig en brinnande passion - en obotlig törst efter kunskap och en längtan att fly från sin vardagliga tillvaro.

En kall vinterkväll, när norrskenet dansade på himlen som etäriska spöken, stötte Anna på en gömd nisch undangömda i djupet av biblioteket. Mitt bland högarna av uråldriga rullar och fallfärdiga pergament upptäckte hon en väderbiten dagbok bunden i sprucken läder - ett relikt från en längesen förliden tid.

Intrigerad började Anna bläddra i dess sidor, hennes fingrar darrande av förväntan. Dagboken tillhörde Lars, en berömd pjäsförfattare som en gång kallat Stockholm sitt hem. Hans ord hoppade från de gulnade sidorna med en iver som tände Annas fantasi, vävande berättelser om kärlek och förlust, hopp och förtvivlan.

När hon fördjupade sig i Lars' värld, kände Anna sig dragen in i en virvelvind av känslor - en kalejdoskop av längtan och begär som hotade att förtära henne helt. Hon blev förtrollad av Lars' ord, förlorande sig själv i hans sinnes labyrint när hon följde honom på en resa genom Stockholms gator och bortom.

Men när Anna fördjupade sig i Lars' värld började hon avslöja en mörk underström som lurade under ytan - en skuggfigur som hemsökte pjäsförfattarens varje steg, kastade en skugga över hans drömmar och förhoppningar. Intrigad av denna mystiska närvaro beslöt sig Anna för att avslöja sanningen bakom Lars' gåtfulla musa.

Hennes sökande ledde henne till de gamla hyreskasernernas djup där hon snubblade över en gömd kammare dold bakom en fallfärdig tegelvägg. Inom dess murar upptäckte Anna en skattkammare av hemligheter - glömda manuskript och trasiga teaterprogram som talade om ett liv söndertrasat av tragedi.

Genom att sätta ihop bitarna av Lars' krossade förflutna avslöjade Anna en historia om kärlek och förräderi - en berättelse så gammal som tiden själv, ändå tidlös som norrskenet som upplyste himlen ovanför. Lars hade förråtts av sin närmaste vän, en medförfattare vars avund och ambition inte kände några gränser.

Fast besluten att göra Lars' arv till sitt eget hade den förrädiska dramatikern smidit en sammansvärjning för att stjäla hans verk och förstöra hans rykte, lämnande honom utfattig och ensam. Men Lars hade vägrat att tystas, riktandes sin smärta och ångest in i sin konst tills hans själ inte längre kunde bära bördan.

När Anna följde trådarna av Lars' tragiska berättelse kände hon en släktskap med pjäsförfattaren - en delad känsla av längtan och förtvivlan som överträffade gränserna för tid och rum. Hon förstod nu varför Lars hade valt att förkroppsliga sin smärta i ord - för att lämna efter sig ett arv som skulle bestå långt efter att han hade gått bort.

The Echo

In the heart of Stockholm, lies a forgotten corner of the city—a place where time seems to stand still.

At the heart of this ancient quarter stands an old tenement building, its faded brick walls bearing the scars of years gone by. It is here, in a dimly lit apartment on the top floor, that we find Anna, a young woman with eyes as blue as the Baltic Sea and a spirit as fierce as the northern winds.

Anna's days are spent toiling away in the labyrinthine corridors of the Stockholm Public Library, where she earns a meager wage cataloging dusty tomes and forgotten manuscripts. But beneath her quiet exterior lies a burning passion—an insatiable thirst for knowledge and a longing to escape the confines of her mundane existence.

One cold winter's eve, as the northern lights danced in the sky like ethereal phantoms, Anna stumbled upon a hidden alcove tucked away in the depths of the library. Amidst the stacks of ancient scrolls and crumbling parchments, she discovered a weathered journal bound in cracked leather—a relic of a time long since past.

Intrigued, Anna began to leaf through its pages, her fingers trembling with anticipation. The journal belonged to Lars, a renowned playwright who had once called Stockholm home. His words leapt from the yellowed pages with a fervor that ignited Anna's imagination, weaving tales of love and loss, hope and despair.

As she delved deeper into Lars' world, Anna felt herself drawn into a whirlwind of emotions—a kaleidoscope of longing and desire that threatened to consume her whole. She became entranced by Lars' words, losing herself in the labyrinth of his mind as she followed him on a journey through the streets of Stockholm and beyond.

But as Anna immersed herself in Lars' world, she began to uncover a dark undercurrent lurking beneath the surface—a shadowy figure that haunted the playwright's every step, casting a pall over his dreams and aspirations. Intrigued by this mysterious presence, Anna resolved to uncover the truth behind Lars' enigmatic muse.

Her quest led her to the depths of the old tenement building, where she stumbled upon a hidden chamber concealed behind a crumbling brick wall. Within its confines, Anna discovered a trove of secrets—forgotten manuscripts and tattered playbills that spoke of a life torn asunder by tragedy.

Piecing together the fragments of Lars' shattered past, Anna uncovered a tale of love and betrayal—a story as old as time itself, yet as timeless as the northern lights that illuminated the sky above. Lars had been betrayed by his closest friend, a fellow playwright whose envy and ambition knew no bounds.

Determined to claim Lars' legacy as his own, the treacherous playwright had conspired to steal his work and destroy his reputation, leaving him destitute and alone. But Lars had refused to be silenced, channeling his pain and anguish into his art until his spirit could no longer bear the weight of his burden.

As Anna traced the threads of Lars' tragic tale, she felt a kinship with the playwright—a shared sense of longing and despair that transcended the boundaries of time and space. She understood now why Lars had chosen to immortalize his pain in words—to leave behind a legacy that would endure long after he was gone.

En Berättelse om Reflektion

I Stockholms hjärta finns en tyst café gömd mitt i stadens brus och buller. Dess bleka fasad vittnar om tidens gång, dess fönster prydda med slingor av murgröna som klänger sig fast vid väggarna som minnen ingraverade i sten.

Det är här, mitt i doften av nybryggt kaffe och det mjuka suset av samtal, som vi finner Lars, en poet med ögon som bär ålderns visdom och en själ lika gränslös som havet. Med varje pennstreck väver han ord till mattor av ljus och skugga, ger röst åt den tysta ekon av staden som omger honom.

Lars tillbringar sina dagar i tyst eftertanke, iakttar livets ebb och flöde när det vecklar ut sig framför honom som en symfoni av ljus och ljud. Från sin plats vid fönstret ser han hur Stockholms människor passerar förbi, deras liv som korsas och divergerar i en intrikat dans av öde och ödets nyck.

Men mitt i stadens kaos finner Lars frid i de tysta ögonblicken - de flyktiga blickarna utbytta mellan främlingar, de viskade bekännelserna uttalade i dämpade toner, skrattet som ekar genom gatorna som klangen av avlägsna klockor.

En kall vinterkväll, när snön föll mjukt över kullerstensgatorna, fann sig Lars dragen till floden som slingrade sig genom stadens hjärta. Under månens ljus såg han hur vattnet skimrade som flytande silver, dess yta speglade de myriader av stjärnor som prydde himlen ovanför.

När han stod på flodbanken, förlorad i stundens skönhet, hörde Lars en röst - en viskning på vinden som verkade kalla på honom från djupet av hans själ. Det var en röst som ingen annan han hade hört tidigare, eterisk och överjordisk, ändå märkligt bekant - en melodi som rörde hans hjärta med sin hemska skönhet.

Med darrande händer sträckte Lars sig ut för att röra vid vattnet, hans fingrar bröt ytan med en mild virvel. Och när han gjorde det kände han en koppling - en tråd som band honom till stadens allra hjärta, vävde honom in i livets matta som omgav honom.

I den stunden kände Lars en känsla av frid - en lugn som sköljde över honom som en mild våg, lugnade hans själens oroande vatten. För han hade upptäckt den sanna essensen av Stockholm - inte som en plats av kaos och förvirring, utan som en reflektion av den mänskliga anden i all dess skönhet och komplexitet.

Och när den första gryningens ljus bröt över horisonten, kastade sina gyllene strålar över det snötäckta landskapet, visste Lars att han var hemma.

A Tale of Reflection

In the heart of Stockholm there is a quiet café nestled amidst the hustle and bustle of the city. Its faded façade bears witness to the passage of time, its windows adorned with tendrils of ivy that cling to the walls like memories etched in stone.

It is here, amidst the scent of freshly brewed coffee and the soft murmur of conversation, that we find Lars, a poet with eyes that hold the wisdom of ages and a soul as boundless as the sea. With each stroke of his pen, he weaves words into tapestries of light and shadow, giving voice to the silent echoes of the city that surrounds him.

Lars spends his days in quiet contemplation, observing the ebb and flow of life as it unfolds before him like a symphony of light and sound. From his seat by the window, he watches as the people of Stockholm pass by, their lives intersecting and diverging in an intricate dance of fate and destiny.

But amidst the chaos of the city, Lars finds solace in the quiet moments—the fleeting glances exchanged between strangers, the whispered confessions spoken in hushed tones, the laughter that echoes through the streets like the chime of distant bells.

One cold winter's eve, as the snow fell softly upon the cobblestone streets, Lars found himself drawn to the river that wound its way through the heart of the city. Beneath the light of the moon, he watched as the water shimmered like liquid silver, its surface reflecting the myriad stars that adorned the sky above.

As he stood on the riverbank, lost in the beauty of the moment, Lars heard a voice—a whisper on the wind that seemed to call to him from the depths of his soul. It was a voice unlike any he had heard before, ethereal and otherworldly, yet strangely familiar—a melody that stirred his heart with its haunting beauty.

With trembling hands, Lars reached out to touch the water, his fingers breaking the surface with a gentle ripple. And as he did, he felt a connection—a thread that bound him to the very heart of the city, weaving him into the tapestry of life that surrounded him.

In that moment, Lars felt a sense of peace—a calmness that washed over him like a gentle wave, soothing the troubled waters of his soul. For he had discovered the true essence of Stockholm—not as a place of chaos and confusion, but as a reflection of the human spirit in all its beauty and complexity.

And as the first light of dawn broke over the horizon, casting its golden rays upon the snow-covered landscape, Lars knew that he was home.

Den Nyfikna Fallet med det Enigmatiska Statylika Ärendet

En gång i tiden i Stockholm, gömd bland kullerstensgatorna och vindens viskningar, stod det en särpräglad galleri vid namn "Den Enigmatiska Statyliska." Detta galleri, insvept i mystik och prytt med gåtfulla skulpturer, var den excentriske konstnären Magnus von Marsipans hjärtebarn.

Magnus var inte din typiske konstnär. Hans fantasi dansade på gränsen mellan lekfullhet och galenskap, vilket gav upphov till statyer som verkade komma till liv när månen kastade sitt silverglöd över dem. Stockholms invånare viskade sagor om att statyerna viskade hemligheter till dem som vågade lyssna, hemligheter som endast natten kände till.

En kylig kväll, när skuggorna sträckte sig långa och stjärnorna glimmade skämtsamt, snubblade en ung flicka vid namn Ingrid över "Den Enigmatiska Statyliska." Ingrid var en nyfiken själ, hennes ögon vida av förundran och hennes sinne surrade av nyfikenhet. Hon hade hört viskningar om Magnus von Marsipans skapelser, och hon kunde inte motstå lusten att utforska galleriet själv.

När Ingrid steg genom galleriets utsmyckade dörrar, möttes hon av en syn som tog hennes andetag. Statyerna stod höga och stolta, deras ögon glittrande av osagda hemligheter. Varje skulptur verkade locka Ingrid närmare, deras utsträckta händer sträckte sig ut som för att dra henne in i deras värld.

Ingrid vandrade genom galleriet, hennes fingrar svepte lätt över statyernas mjuka kurvor. Hon kände som om hon hade snubblat över ett gömt rike, en plats där drömmar och verklighet flätades samman i en ömtålig dans.

Plötsligt bröt en röst igenom tystnaden och skickade kårar längs Ingrids ryggrad. "Välkommen, kära barn," viskade den, ekande mot galleriets väggar. Ingrid snurrade runt, hennes hjärta bankade i hennes bröst, men det fanns ingen att se.

"Vem är där?" ropade hon, hennes röst darrande. "Visa dig själv!"

Men rösten bara skrattade mjukt, dess skratt virvlade omkring henne som en mjuk bris. "Tålamod, min kära. Allt ska avslöjas med tiden."

Med en känsla av både bävan och spänning fortsatte Ingrid sin utforskning av galleriet. Varje staty verkade hålla sin egen historia, en berättelse som väntade på att bli berättad. Hon fann sig själv dragen djupare in i labyrinten av Magnus von Marsipans fantasi, sina sinnen levande av förväntan.

När natten fortskred, snubblade Ingrid över en staty som inte var som någon hon hade sett tidigare. Den stod i mitten av galleriet, dess drag vridna till en grotesk mask av sorg. I dess utsträckta hand höll den en enda ros, dess kronblad vissnade och bleknade.

Ingrid närde statyn försiktigt, hennes hjärta tungt av sorg. "Vad hände med dig?" viskade hon, hennes röst knappt mer än en fläkt.

Till hennes förvåning drog statyns läppar sig till ett svagt leende, och dess ögon fladdrade av liv. "Åh, mitt kära barn," mumlade den, dess röst mjuk och melodisk. "Jag är Drömmarnas Väktare, fångad i sten av ödets grymma hand."

Ingrid lyssnade uppmärksamt när Väktaren berättade sin saga, om hur den en gång hade varit en drömmare som henne, dess hjärta fyllt av hopp och möjlighet. Men med åren som gick och verkligheten stängde in sig, hade dess drömmar långsamt vissnat bort, lämnat inget annat än sorg i deras spår.

Tårar kittlade i Ingrids ögon när hon lyssnade på Väktarens historia, hennes egna drömmar plötsligt kände sig sköra och förgängliga. "Finns det inget hopp för dig?" frågade hon, hennes röst darrande.

Väktaren suckade längtansfullt, dess blick fäst på den vissnade rosen i dess hand. "Kanske," sa den, dess röst knappt mer än en viskning. "Men bara om någon är modig nog att tro på det omöjliga."

Med en nyfunnen beslutsamhet som brann i hennes bröst, gjorde Ingrid ett högtidligt löfte att hjälpa Väktaren att återvinna sina förlorade drömmar. Hon visste att det inte skulle vara en lätt uppgift, att hon skulle möta utmaningar och hinder längs vägen. Men när hon tittade in i Väktarens ögon visste hon att hon inte kunde vända sig bort.

Och så, med månen som hennes guide och stjärnorna som hennes kamrater, begav sig Ingrid ut på en resa för att återställa Väktarens förlorade drömmar. Tillsammans vågade de sig in i de mörkaste hörnen av Magnus von Marsipans fantasi, ställdes inför sina rädslor och övervann sina tvivel.

I slutändan var det inte magi eller trolldom som räddade Väktaren, utan den enkla handlingen att tro på något större än sig själv. När den första gryningens ljus målade himlen i nyanser av rosa och guld, började Väktarens stenform att smulas sönder, avslöjande figuren av en man med ögon som glittrade av nyfunnet hopp.

Med glädjetårar strömmande nerför sina kinder, såg Ingrid på när Väktaren trädde ut ur skuggorna och in i ljuset, dess ande äntligen fri från stenens begränsningar. Och när de stod tillsammans mitt bland ruinerna av Den Enigmatiska Statyliska, visste Ingrid att hon hade bevittnat något verkligt magiskt, något som skulle följa henne resten av hennes dagar.

För i hjärtat av Stockholm, mitt bland vindens viskningar och nattens hemligheter, var allt möjligt om bara du vågade tro.

The Curious Case of the Enigmatic Statuesque Affair

Once upon a time in Stockholm, nestled amidst the cobblestone streets and the whispers of the wind, there stood a peculiar gallery known as "The Enigmatic Statuesque." This gallery, shrouded in mystery and adorned with enigmatic sculptures, was the brainchild of the eccentric artist, Magnus von Marzipan.

Magnus was not your typical artist. His imagination danced on the edge of whimsy and madness, giving birth to statues that seemed to come alive when the moon cast its silvery glow upon them. The people of Stockholm whispered tales of the statues whispering secrets to those who dared to listen, secrets that only the night knew.

One chilly evening, as the shadows stretched long and the stars twinkled mischievously, a young girl named Ingrid stumbled upon "The Enigmatic Statuesque." Ingrid was an inquisitive soul, her eyes wide with wonder and her mind buzzing with curiosity. She had heard whispers of Magnus von Marzipan's creations, and she could not resist the urge to explore the gallery for herself.

As Ingrid stepped through the gallery's ornate doors, she was greeted by a sight that took her breath away. The statues stood tall and proud, their eyes glimmering with secrets untold. Each sculpture seemed to beckon Ingrid closer, their outstretched hands reaching out as if to pull her into their world.

Ingrid wandered through the gallery, her fingers trailing lightly over the smooth curves of the statues. She felt as though she had stumbled upon a hidden realm, a place where dreams and reality intertwined in a delicate dance.

Suddenly, a voice broke through the silence, sending shivers down Ingrid's spine. "Welcome, dear child," it whispered, echoing off the walls of the gallery. Ingrid spun around, her heart pounding in her chest, but there was no one to be seen.

"Who's there?" she called out, her voice trembling. "Show yourself!"

But the voice only chuckled softly, its laughter swirling around her like a gentle breeze. "Patience, my dear. All will be revealed in time."

With a sense of both trepidation and excitement, Ingrid continued her exploration of the gallery. Each statue seemed to hold a story of its own, a tale waiting to be told. She found herself drawn deeper into the labyrinth of Magnus von Marzipan's imagination, her senses alive with anticipation.

As the night wore on, Ingrid stumbled upon a statue unlike any she had ever seen before. It stood in the center of the gallery, its features twisted into a grotesque mask of sorrow. In its outstretched hand, it held a single rose, its petals wilted and faded.

Ingrid approached the statue cautiously, her heart heavy with sadness. "What happened to you?" she whispered, her voice barely more than a breath.

To her astonishment, the statue's lips twitched into a faint smile, and its eyes flickered with life. "Ah, my dear child," it murmured, its voice soft and melodic. "I am the Guardian of Lost Dreams, trapped in stone by the cruel hand of fate."

Ingrid listened intently as the Guardian told her its tale, of how it had once been a dreamer like her, its heart brimming with hope and possibility. But as the years passed and reality closed in, its dreams had slowly withered away, leaving nothing but sorrow in their wake.

Tears pricked at Ingrid's eyes as she listened to the Guardian's story, her own dreams suddenly feeling fragile and ephemeral. "Is there no hope for you?" she asked, her voice trembling.

The Guardian sighed wistfully, its gaze fixed on the faded rose in its hand. "Perhaps," it said, its voice barely more than a whisper. "But only if someone is brave enough to believe in the impossible."

With a newfound determination burning in her chest, Ingrid made a solemn vow to help the Guardian reclaim its lost dreams. She knew that it would not be an easy task, that she would face challenges and obstacles along the way. But as she looked into the Guardian's eyes, she knew that she could not turn away.

And so, with the moon as her guide and the stars as her companions, Ingrid set out on a journey to restore the Guardian's lost dreams. Together, they ventured into the darkest corners of Magnus von Marzipan's imagination, facing their fears and conquering their doubts.

In the end, it was not magic or sorcery that saved the Guardian, but the simple act of believing in something greater than oneself. As the first light of dawn painted the sky in shades of pink and gold, the Guardian's stone form began to crumble, revealing the figure of a man with eyes sparkling with newfound hope.

With tears of joy streaming down her cheeks, Ingrid watched as the Guardian stepped out of the shadows and into the light, his spirit finally free from the confines of stone. And as they stood together amidst the ruins of the Enigmatic Statuesque, Ingrid knew that she had witnessed something truly magical, something that would stay with her for the rest of her days.

For in the heart of Stockholm, amidst the whispers of the wind and the secrets of the night, anything was possible if only you dared to believe.

En Tavernasaga i Stockholm

Tavernan i Stockholm låg vid kanten av den gamla staden, en tillflyktsort för trötta resenärer och lokalbefolkningen likväl. Dess träbjälkar knakade av ålder, dess väggar prydda med berättelserna från dem som hade gått genom dess dörrar. Det var en plats där tiden tycktes stå stilla, där luften var tung av öldoft och skrattets ljud ekade mot kullerstensgatorna.

På en krispig kväll i senhösten var tavernan full av liv. Elden sprakade glatt i spisen och kastade en varm glöd över rummet. Stammisarna samlades nära bardisken, deras röster steg och föll i en symfoni av samtal. I centrum av allt detta satt en man vid namn Erik, en resenär med ett väderbitet ansikte och en glimt av skoj i ögat. Han hade vandrat Stockholms gator i veckor, hans fickor tomma och hans hjärta tungt av världens börda. Men ikväll hade han funnit tröst i tavernans välkomnande famn.

Medan Erik sippade på sitt öl kunde han inte låta bli att lyssna på de andra stammisarnas viskningar. De talade om legender och myter, om skatter gömda under stadens gator och spöken som vandrade i gränderna om natten. Erik lyssnade uppmärksamt, hans nyfikenhet väckt av äventyrs- och farofyllda berättelser.

Precis när natten började avta, inträdde en främling i tavernan, hans mantel tätt knuten runt axlarna. Han rörde sig med självsäkerhet, hans ögon skannade rummet med en skarp intensitet. De andra stammisarna tystnade när han närmade sig baren, deras nyfikenhet väcktes av den nyekomlingens närvaro.

Bartendern hälsade främlingen med en nick, hans uttryck försiktigt men välkomnande. "Vad kan jag få för dig, vännen?" frågade han och putsade ett glas med övad lätthet.

Främlingen log, hans läppar kröktes i ett halvt leende. "Jag tar vad alla andra har," sa han, hans röst låg och sandpapperlik.

När bartendern hällde upp en drink till främlingen kunde inte Erik låta bli att känna en känsla av obehag svepa över honom. Det var något med den nyekomlingen som fick honom att känna sig obekväm, något som viskade om fara och intriger.

Men innan Erik kunde fundera över sina misstankar, vände sig främlingen till honom med en glimt i ögat. "Du där," sa han och nickade åt Eriks håll. "Du ser ut som en man som sett din beskärda del av äventyr. Berätta för mig, har du någonsin hört talas om Stockholms förlorade skatt?"

Erik höjde på ena ögonbrynet, hans intresse väckt av skattens nämnande. "Jag har hört viskningar," erkände han och tog en klunk av sitt öl. "Men inte mer än så. De säger att den är begravd någonstans under stadens gator, vaktad av de andar som kom före."

Främlingen skrattade, hans skratt ekade mot tavernans väggar. "Ah, men du ser," sa han och lutade sig närmare. "Det är där de har fel. Skatten är inte begravd under stadens gator. Den är gömd mitt framför ögonen, för dem som vet var de ska leta."

Eriks hjärta bultade i hans bröst när han lyssnade på främlingens ord, hans sinne snurrade av möjligheter. Kunde det vara sant? Kunde Stockholms förlorade skatt vara inom räckhåll, väntande på att avtäckas?

Innan han kunde yttra sina tankar reste sig främlingen från sin plats, hans mantel virvlade runt honom som en mantel av skuggor. "Följ med mig," sa han, hans röst låg och brådskande. "Jag vet var skatten ligger, och jag behöver någon som hjälper mig att hämta den."

Erik tvekade bara ett ögonblick innan han nickade med samtycke. Han kände den äventyrliga spänningen pulsera genom sina ådror, och den uppmanade honom att följa främlingen in i det okända.

Och så, med löftet om skatt som vägledning, begav sig Erik och främlingen ut på Stockholms gator, deras steg ekade mot kullerstensgatorna när de vågade sig in i mörkret.

Under deras färd in i stadens hjärta berättade främlingen för Erik om sina egna äventyr, om snäva undanflykter och djärva kupper. Erik lyssnade uppmärksamt, hans beundran för främlingen växte för varje ögonblick som passerade.

Men när de närmade sig sitt mål kunde inte Erik skaka av sig känslan av obehag som gnagde i magen. Det var något med främlingen som inte stämde, något som viskade om förräderi och svek.

Innan han hann uttrycka sina farhågor, anlände de till en öde gränd, vars skuggor svalde dem helt. Främlingen stannade tvärt, hans blick fäst på en krackelerande tegelvägg i grändens slut.

"Det här är det," sa han, hans röst knappt mer än en viskning. "Ingången till skattkammaren."

Eriks hjärta dunkade i hans bröst när han närmade sig väggen, hans fingrar darrade av spänning. Men när han

sträckte ut handen för att vidröra teglet överfölls han plötsligt av en insikt som sköljde över honom som en tidvattenvåg.

Främlingen hade lurat honom in i en fälla, ett nät av lögner och bedrägeri vävda för att snärja honom i hans jakt på skatten. Och nu, när han stod på gränsen till fara, visste Erik att han bara hade ett val kvar att göra.

Med en snabb rörelse vände han sig mot främlingen, hans nävar knutna med bestämdhet. "Jag kommer inte att vara ditt brickspel," sa han, hans röst klingande av trots. "Jag kanske inte har hittat Stockholms skatt, men jag har funnit något mycket mer värdefullt – sanningen."

Och med det vände Erik ryggen åt främlingen och försvann in i natten.

A Tavern Tale in Stockholm

The tavern in Stockholm stood at the edge of the old town, a haven for weary travelers and locals alike. Its wooden beams creaked with age, its walls adorned with the stories of those who had passed through its doors. It was a place where time seemed to stand still, where the air was thick with the scent of ale and the sound of laughter echoed off the cobblestone streets.

On a crisp evening in late autumn, the tavern was alive with activity. The fire crackled merrily in the hearth, casting a warm glow over the room. The patrons huddled close to the bar, their voices rising and falling in a symphony of conversation.

At the center of it all sat a man named Erik, a traveler with a weather-beaten face and a glint of mischief in his eye. He had been wandering the streets of Stockholm for weeks, his pockets empty and his heart heavy with the weight of the world. But tonight, he had found solace in the welcoming embrace of the tavern.

As Erik nursed his ale, he couldn't help but overhear the whispers of the other patrons. They spoke of legends and myths, of treasures hidden beneath the city streets and ghosts that wandered the alleyways at night. Erik listened intently, his curiosity piqued by the tales of adventure and danger.

Just as the night was beginning to wane, a stranger entered the tavern, his cloak pulled tight around his shoulders. He moved with an air of confidence, his eyes scanning the room with a keen intensity. The other patrons fell silent as he approached the bar, their curiosity piqued by the newcomer.

The bartender greeted the stranger with a nod, his expression wary but welcoming. "What can I get for you, friend?" he asked, polishing a glass with practiced ease.

The stranger smiled, his lips quirking up in a half-smile. "I'll have what everyone else is having," he said, his voice low and gravelly.

As the bartender poured the stranger a drink, Erik couldn't help but feel a sense of unease wash over him. There was something about the newcomer that set him on edge, something that whispered of danger and intrigue.

But before Erik could dwell on his suspicions, the stranger turned to him with a gleam in his eye. "You there," he said, nodding in Erik's direction. "You look like a man who's seen his fair share of adventure. Tell me, have you ever heard of the lost treasure of Stockholm?"

Erik raised an eyebrow, his interest piqued by the mention of treasure. "I've heard whispers," he admitted, taking a sip of his ale. "But nothing more than that. They say it's buried somewhere beneath the city streets, guarded by the spirits of those who came before."

The stranger chuckled, his laughter echoing off the walls of the tavern. "Ah, but you see, that's where they're wrong," he said, leaning in closer. "The treasure isn't buried beneath the city streets. It's hidden in plain sight, for those who know where to look."

Erik's heart quickened at the stranger's words, his mind racing with possibilities. Could it be true? Could the lost treasure of Stockholm be within his grasp, waiting to be uncovered?

Before he could voice his thoughts, the stranger rose from his seat, his cloak swirling around him like a cloak of shadows. "Come with me," he said, his voice low and urgent. "I know where the treasure lies, and I need someone to help me claim it."

Erik hesitated for only a moment before nodding in agreement. He could feel the thrill of adventure coursing through his veins, urging him to follow the stranger into the unknown.

And so, with the promise of treasure to guide them, Erik and the stranger set out into the streets of Stockholm, their footsteps echoing off the cobblestones as they ventured into the darkness.

As they journeyed deeper into the heart of the city, the stranger regaled Erik with tales of his own adventures, of narrow escapes and daring heists. Erik listened intently, his admiration for the stranger growing with each passing moment.

But as they approached their destination, Erik couldn't shake the feeling of unease that gnawed at the pit of his stomach. There was something about the stranger that didn't sit right with him, something that whispered of betrayal and deceit.

Before he could voice his concerns, they arrived at a deserted alleyway, its shadows swallowing them whole. The stranger stopped abruptly, his gaze fixed on a crumbling brick wall at the end of the alley.

"This is it," he said, his voice barely more than a whisper. "The entrance to the treasure vault."

Erik's heart pounded in his chest as he approached the wall, his fingers trembling with excitement. But as he reached out to touch the bricks, a sudden realization washed over him like a tidal wave.

The stranger had led him into a trap, a web of lies and deception spun to ensnare him in his quest for treasure. And now, as he stood on the precipice of danger, Erik knew that he had only one choice left to make.

With a swift motion, he turned on the stranger, his fists clenched tight with determination. "I won't be your pawn," he said, his voice ringing with defiance. "I may not have found the treasure of Stockholm, but I've found something far more valuable – the truth."

And with that, Erik turned his back on the stranger and disappeared into the night.

Fristaden

Stockholms stad vecklade ut sig som en drömmars väv under den vida rymden av den norra himlen. Dess gator, vävda med trådar av historia och viskningar från det förflutna, bevittnade livets eviga dans av ebbar och flöden. Och mitt i vardagens liv och rörelse fanns det en lugn hörna av staden där tiden verkade stå stilla – en plats som kallades "Fristaden." Gömd mellan de labyrintiska gatorna i den gamla staden var Fristaden ett fristad för dem som sökte tröst i ensamhetens famn. Dess väggar, slitna av tidens gång, bar märken av otaliga berättelser ingraverade i deras väsen. Det var en fristad, en tillflyktsort för de förlorade och de ensamma.

På en kylig eftermiddag i senhösten fann sig en ung kvinna vid namn Astrid dragen till Fristadens stillsamma famn. Hon hade vandrat Stockholms gator i timmar, hennes sinne en tumultartad hav av tankar och känslor. Men när hon steg genom tavernans knarrande dörrar sköljde en känsla av lugn över henne som en mjuk tidvattenvåg.

Interiören av Fristaden badade i ett mjukt, gyllene ljus, dess värme omslöt Astrid som en tröstande omfamning. Luften var tung av doften av nybryggt te och det mjuka sorlet av konversation. Astrid fann sig själv dragen till ett mysigt hörn vid fönstret, där hon sjönk ner i en mjuk fåtölj och stirrade ut på världen utanför.

När hon sippade på sitt te fann sig Astrid förlorad i sina egna tankars rytm. Minnen av förgångna dagar dansade framför hennes inre öga, deras färger bleknade med varje passerande ögonblick. Hon kände sig som om hon drev bort i ett hav av glömda drömmar, längtande efter stranden men osäker på vilken riktning hon skulle vända sig.

Det var då hon lade märke till honom – en man som satt ensam vid ett närliggande bord, hans ögon fästa på sidorna i en sliten läderbunden bok. Det var något med honom som fascinerade henne, något som talade om en delad längtan efter kontakt i en värld förbrukad av ensamhet.

Med ett tveksamt leende närmande sig Astrid mannen vid bordet och tog plats mittemot honom. "Hoppas det är okej att jag sällskapar dig?" frågade hon, hennes röst mjuk och försiktig.

Mannen lyfte blicken från sin bok, hans ögon gnistrande av värme och nyfikenhet. "Var så god, var min gäst," svarade han och gestikulerade mot den tomma stolen bredvid sig.

Och så fann sig Astrid fördjupad i samtal med främlingen, deras ord flödande som en flod när de delade berättelser om sina liv och sina drömmar. Hon lärde sig att hans namn var Henrik, en poet med ett hjärta lika stort som den norra himlen. Han talade om kärlek och förlust, om hopp och förtvivlan, vävande en väv av ord som fångade Astrids själ.

När eftermiddagen övergick till kväll och skuggorna förlängdes över golvet, fann sig Astrid och Henrik förlorade i ögonblickets magi. Världen utanför bleknade i insignifikans när de delade hemligheter och viskade löften, deras hjärtan som slog i takt med universums rytm.

Och när de sista strålarna av solsken badade staden i ett gyllene sken visste Astrid att hon hade funnit något värdefullt – en koppling smidd i Fristadens tysta hörn, där eko av den norra himlen låg i luften som det svagaste viskning av en dröm.

The Haven

The city of Stockholm unfolded like a tapestry of dreams beneath the vast expanse of the northern sky. Its streets, woven with the threads of history and the whispers of the past, bore witness to the ebb and flow of life's eternal dance. And amidst the hustle and bustle of everyday existence, there existed a quiet corner of the city where time seemed to stand still – a place known as "The Haven."

Nestled between the labyrinthine streets of the old town, The Haven was a sanctuary for those who sought solace in the embrace of solitude. Its walls, weathered by the passage of time, bore the marks of countless stories etched into their very being. It was a place of refuge, a haven for the lost and the lonely.

On a chilly afternoon in late autumn, a young woman named Astrid found herself drawn to The Haven's tranquil embrace. She had wandered the streets of Stockholm for hours, her mind a tumultuous sea of thoughts and emotions. But as she stepped through the tavern's creaking doors, a sense of calm washed over her like a gentle tide.

The interior of The Haven was bathed in a soft, golden light, its warmth enveloping Astrid like a comforting embrace. The air was thick with the scent of freshly brewed tea and the soft murmur of conversation. Astrid found herself drawn to a cozy corner by the window, where she sank into a plush armchair and gazed out at the world beyond.

As she sipped her tea, Astrid found herself lost in the rhythm of her own thoughts. Memories of days gone by danced before her mind's eye, their colors fading with each passing moment. She felt as though she were adrift in a sea of forgotten dreams, longing for the shore but unsure of which direction to turn.

It was then that she noticed him – a man sitting alone at a nearby table, his eyes fixed on the pages of a worn leather-bound book. There was something about him that intrigued her, something that spoke of a shared longing for connection in a world consumed by solitude.

With a hesitant smile, Astrid approached the man's table and took a seat opposite him. "Mind if I join you?" she asked, her voice soft and tentative.

The man looked up from his book, his eyes twinkling with warmth and curiosity. "Please, be my guest," he replied, gesturing to the empty chair beside him.

And so, Astrid found herself engaged in conversation with the stranger, their words flowing like a river as they shared stories of their lives and their dreams. She learned that his name was Henrik, a poet with a heart as vast as the northern sky. He spoke of love and loss, of hope and despair, weaving a tapestry of words that captivated Astrid's soul.

As the afternoon turned to evening and the shadows lengthened across the floor, Astrid and Henrik found themselves lost in the magic of the moment. The world outside faded into insignificance as they shared secrets and whispered promises, their hearts beating in time with the rhythm of the universe.

And as the final rays of sunlight bathed the city in a golden glow, Astrid knew that she had found something precious – a connection forged in the quiet corners of The Haven, where echoes of the northern sky lingered in the air like the faintest whisper of a dream.

Hemligheter från Midnattsträdgården

Stockholms stad, med sina slingrande gator och antika arkitektur, höll inom sin famn en mängd hemligheter som väntade på att bli upptäckta. Bland skuggorna och nattens viskningar fanns det en gömd pärla – en plats som endast var känd som Midnattsträdgården.

Gömd i stadens hjärta var Midnattsträdgården en fristad för dem som sökte skydd från vardagens kaos. Dess frodiga grönska och doftande blommor kastade en förtrollning över alla som vågade sig in, vävde en väv av magi under månens ljus.

En månbelyst kväll mitt i sommaren fann sig en ung kvinna vid namn Sofia dragen till Midnattsträdgårdens stilla skönhet. Hon hade vandrat Stockholms gator i timmar, hennes hjärta tungt av tyngden av osagda drömmar och outtalade hemligheter. Men när hon steg genom trädgårdens smidda järngrindar sköljde en känsla av frid över henne som en mild tidvattenvåg.

Luften var tung av doften från jasmin och rosor, deras parfym blandade med det mjuka prassel av löv i brisen. Sofia vandrade bland blommorna, hennes fingrar som lätt drog över deras blad när hon förlorade sig i nattens skönhet.

När hon meanderade genom trädgårdens slingrande stigar kom Sofia till en avskild nisch badad i månens silverljus. Där, mitt i en röra av rankor och blommor, satt en ensam gestalt – en man med ögon lika mörka som midnattshimlen.

Nyfiken närmade sig Sofia mannen, hennes hjärta bultande i hennes bröst. "Får jag sällskap?" frågade hon, hennes röst knappt mer än en viskning.

Mannen lyfte blicken, hans blick mötte hennes med en blandning av överraskning och nyfikenhet. "Självklart," svarade han, hans röst mjuk och melodisk. "Var så god, sitt."

Och så tog Sofia plats bredvid mannen, hennes sinnen levande med den betagande doften från trädgården. Hon såg på när han sträckte sig för att plocka en ensam ros från rankan, dess kronblad mjuka och delikata under hans fingrar.

"Jag heter Emil," sa mannen, hans ögon lämnade aldrig Sofias ansikte. "Vad för dig till Midnattsträdgården på denna förtrollade natt?"

Sofia tvekade ett ögonblick, osäker på hur mycket hon skulle avslöja. Men det var något med Emils närvaro som fick henne att känna sig lugn, något som viskade om delade hemligheter och gömda begär.

"Jag kommer för att söka tröst," svarade hon, hennes röst fylld av sårbarhet. "Jag känner mig som om jag är vilse i en hav av osäkerhet, sökande efter något som jag inte kan namnge."

Emil nickade förstående, hans uttryck mjukt och medkännande. "Du är inte ensam i din sökning, Sofia," sa han, hans ord som en balsam för hennes sårade själ. "Vi är alla sanningssökare och skönhetssökare, vandrande genom livets labyrint i sökandet efter mening."

När natten gick över i gryningen fann sig Sofia och Emil förlorade i samtal, deras ord som vävde en väv av drömmar och begär under den stjärnklara himlen. De talade om kärlek och förlust, om hopp och förtvivlan, avslöjande sina själar för varandra i trädgårdens tysta ensamhet.

Och när de första strålarna av gryningens ljus målade horisonten i rosa och guld visste Sofia att hon hade funnit något värdefullt – en koppling smidd i Midnattsträdgårdens djup, där hemligheter viskade på vinden och drömmar flög på fantasins vingar.

Secrets of the Midnight Garden

The city of Stockholm, with its winding streets and ancient architecture, held within its embrace a multitude of secrets waiting to be unearthed. Amongst the shadows and the whispers of the night, there existed a hidden gem – a place known only as the Midnight Garden.

Tucked away in the heart of the city, the Midnight Garden was a sanctuary for those who sought refuge from the chaos of everyday life. Its lush greenery and fragrant blooms cast a spell of enchantment upon all who dared to enter, weaving a tapestry of magic beneath the light of the moon.

On a moonlit evening in the midst of summer, a young woman named Sofia found herself drawn to the Midnight Garden's tranquil beauty. She had wandered the streets of Stockholm for hours, her heart heavy with the weight of unspoken dreams and untold secrets. But as she stepped through the garden's wrought iron gates, a sense of peace washed over her like a gentle tide.

The air was thick with the scent of jasmine and roses, their perfume mingling with the soft rustle of leaves in the breeze. Sofia wandered amongst the flowers, her fingers trailing lightly over their petals as she lost herself in the beauty of the night.

As she meandered through the garden's winding paths, Sofia came upon a secluded alcove bathed in the silvery light of the moon. There, amidst a tangle of vines and blossoms, sat a solitary figure – a man with eyes as dark as the midnight sky.

Intrigued, Sofia approached the man, her heart pounding in her chest. "May I join you?" she asked, her voice barely more than a whisper.

The man looked up, his gaze meeting hers with a mixture of surprise and curiosity. "Of course," he replied, his voice soft and melodic. "Please, sit."

And so, Sofia took a seat beside the man, her senses alive with the intoxicating scent of the garden. She watched as he reached out to pluck a single rose from the vine, its petals soft and delicate beneath his fingers. "My name is Emil," the man said, his eyes never leaving Sofia's face. "What brings you to the Midnight Garden on this enchanted night?"

Sofia hesitated for a moment, unsure of how much to reveal. But there was something about Emil's presence that set her at ease, something that whispered of shared secrets and hidden desires.

"I come seeking solace," she replied, her voice tinged with vulnerability. "I feel as though I am lost in a sea of uncertainty, searching for something that I cannot name."

Emil nodded in understanding, his expression gentle and compassionate. "You are not alone in your search, Sofia," he said, his words like a balm to her wounded soul. "We are all seekers of truth and beauty, wandering the labyrinth of life in search of meaning."

As the night wore on, Sofia and Emil found themselves lost in conversation, their words weaving a tapestry of dreams and desires beneath the star-studded sky. They spoke of love and loss, of hope and despair, baring their souls to one another in the quiet solitude of the garden.

And as the first light of dawn painted the horizon in hues of pink and gold, Sofia knew that she had found something precious – a connection forged in the depths of the Midnight Garden, where secrets whispered on the breeze and dreams took flight on the wings of imagination.

Alkemisten från Malmö

I den uråldriga staden Malmö, där de kullerstensbelagda gatorna ekade av historiens viskningar och havsbrisen bar berättelser om avlägsna länder, bodde en ung man vid namn Elias. Han var en drömmare, med ögon som glittrade av nyfikenhetens eld och ett hjärta som längtade efter äventyr.

Elias tillbringade sina dagar med att vandra genom de smala gränderna och livliga marknadsplatserna i Malmö, hans sinne levande med möjligheterna som låg bortom horisonten. Han lyssnade uppmärksamt på resenärers och köpmäns berättelser, sugs in i deras berättelser om avlägsna länder och gömda skatter.

Men mitt i stadens kaos fanns det ett tyst hörn där tiden verkade stå stilla – en plats som endast var känd som Alkemistkvarteret. Det sades att inom dess uråldriga murar väntade universums hemligheter på att upptäckas av dem som vågade söka dem.

En ödesdiger kväll, när solen sjönk under horisonten och himlen flammande i nyanser av orange och guld, fann Elias sig dragen till Alkemistkvarteret. Han hade hört viskningar om dess mysterier, sagor om alkemister som kunde förvandla bly till guld och låsa upp hemligheterna bakom evigt liv.

Med en känsla av spänning som pulserade genom hans ådror steg Elias genom den bågformade dörren som markerade ingången till kvarteret. Luftens doft var tjock av rökelse och det mjuka sorlet av sång, vävde en förtrollande trolldom runt honom.

När Elias vandrade djupare in i kvarteret kom han till en liten innergård badad i månens mjuka sken. I dess mitt stod en gestalt inlindad i skuggor, hans drag skymdas av mörkret.

"Vem kommer där?" ropade Elias ut, hans röst ekade mot de uråldriga stenväggarna.

Gestalten trädde fram, hans ansikte upplyst av flammande låga från en närliggande fackla. Han var en gammal man, med ögon som glänste av visdom och ett leende som antydde hemligheter osagda.

"Jag är Alkemisten," svarade han, hans röst som viskningen av vinden genom träden. "Och du, unge Elias, är sanningssökaren och vishetssökaren."

Elias kände en rysning längs sin ryggrad vid nämningen av hans namn. Hur kunde denna främling veta vem han var? Och vilka hemligheter höll han inom sin själs djup?

Alkemisten gestikulerade för Elias att följa med honom, hans ögon gnistrande av skoj. "Jag har en gåta för dig, unga sökare," sa han, hans röst låg och mystisk. "En gåta som kommer att låsa upp universums hemligheter och avslöja din själs sanna natur."

Elias kände sitt hjärta bulta av spänning vid tanken på att lösa Alkemistens gåta. Han lyssnade uppmärksamt när den gamle mannen talade, hans ord som poesi i vinden.

"Gåtan är den här," började Alkemisten, hans röst klingande med kraft och auktoritet. "På havets djup, där sjöjungfrurna sjunger och havsvidunderna dansar, ligger en skatt utan jämförelse. Det är en skatt som bara kan hittas av dem som är villiga att möta sina största rädslor och omfamna det okända. Säg mig, unga Elias, vad är skatten som ligger på havets botten?"

Elias funderade över gåtan en stund, hans sinne snurrade av möjligheter. Kunde skatten vara guld och juveler, gömda bland korallreven och de virvlande strömmarna? Eller var det något mer undflyende, något som bara kunde upptäckas av dem som vågade ge sig in i djupen av sina egna själar?

Efter en stunds tvekan talade Elias, hans röst fylld av övertygelse. "Skatten som ligger på havets botten är inte guld eller juveler, utan vishet och upplysning," sa han, hans ord klingande av sanning. "Det är en skatt som bara kan hittas av dem som är villiga att konfrontera sina rädslor och omfamna det okända."

Alkemisten log, hans ögon gnistrande av stolthet. "Du har talat klokt, unge Elias," sa han, hans röst fylld av värme. "För det är sant att de största skatterna i livet inte är materiella ägodelar, utan den vishet och kunskap som vi vinner på vår resa genom världen."

Med det försvann Alkemisten in i skuggorna och lämnade Elias ensam på gården med sina tankar. När han tittade upp mot stjärnorna som gnistrade på natthimlen kände Elias en känsla av frid skölja över honom som en mild tidvattenvåg.

För i det ögonblicket visste han att han hade upptäckt något långt värdefullare än guld eller juveler – han hade upptäckt den sanna skatten som låg inom hans eget hjärta. Och när han återvände ut i världen, hans ande upplyst av äventyrets eld, visste Elias att han aldrig skulle vara densamma igen.

The Alchemist of Malmo

In the ancient city of Malmo, where the cobblestone streets echoed with the whispers of history and the sea breeze carried tales of distant lands, there lived a young man named Elias. He was a dreamer, with eyes that sparkled with the fire of curiosity and a heart that yearned for adventure. Elias spent his days wandering the narrow alleys and bustling marketplaces of Malmo, his mind alive with the possibilities that lay beyond the horizon. He listened intently to the stories of travelers and merchants, drinking in their tales of far-off lands and hidden treasures.

But amidst the chaos of the city, there existed a quiet corner where time seemed to stand still – a place known only as the Alchemist's Quarter. It was said that within its ancient walls, the secrets of the universe lay waiting to be discovered by those who dared to seek them.

One fateful evening, as the sun dipped below the horizon and the sky blazed with hues of orange and gold, Elias found himself drawn to the Alchemist's Quarter. He had heard whispers of its mysteries, tales of alchemists who could turn lead into gold and unlock the secrets of eternal life.

With a sense of excitement coursing through his veins, Elias stepped through the arched doorway that marked the entrance to the quarter. The air was thick with the scent of incense and the soft murmur of chanting, weaving a spell of enchantment around him.

As Elias wandered deeper into the quarter, he came upon a small courtyard bathed in the soft glow of moonlight. At its center stood a figure cloaked in shadows, his features obscured by the darkness.

"Who goes there?" Elias called out, his voice echoing off the ancient stone walls.

The figure stepped forward, his face illuminated by the flickering flame of a nearby torch. He was an old man, with eyes that gleamed with wisdom and a smile that hinted at secrets untold.

"I am the Alchemist," he replied, his voice like the whisper of the wind through the trees. "And you, young Elias, are the seeker of truth and wisdom."

Elias felt a shiver run down his spine at the mention of his name. How could this stranger know who he was? And what secrets did he hold within the depths of his soul?

The Alchemist gestured for Elias to join him, his eyes twinkling with mischief. "I have a riddle for you, young seeker," he said, his voice low and mysterious. "A riddle that will unlock the mysteries of the universe and reveal the true nature of your soul."

Elias felt his heart quicken with excitement at the prospect of unraveling the Alchemist's riddle. He listened intently as the old man spoke, his words like poetry on the wind.

"The riddle is this," the Alchemist began, his voice ringing with power and authority. "In the depths of the ocean, where the mermaids sing and the sea creatures dance, lies a treasure beyond compare. It is a treasure that can only be found by those who are willing to face their greatest fears and embrace the unknown. Tell me, young Elias, what is the treasure that lies at the bottom of the sea?"

Elias pondered the riddle for a moment, his mind racing with possibilities. Could the treasure be gold and jewels, hidden amidst the coral reefs and the swirling currents? Or was it something more elusive, something that could only be discovered by those who dared to venture into the depths of their own souls?

After a moment's hesitation, Elias spoke, his voice filled with conviction. "The treasure that lies at the bottom of the sea is not gold or jewels, but wisdom and enlightenment," he said, his words ringing with truth. "It is a treasure that can only be found by those who are willing to confront their fears and embrace the unknown."

The Alchemist smiled, his eyes twinkling with pride. "You have spoken wisely, young Elias," he said, his voice filled with warmth. "For it is true that the greatest treasures in life are not material possessions, but the wisdom and knowledge that we gain on our journey through the world." With that, the Alchemist vanished into the shadows, leaving Elias alone in the courtyard with his thoughts. As he gazed up at the stars twinkling in the night sky, Elias felt a sense of peace wash over him like a gentle tide. For in that moment, he knew that he had discovered something far more precious than gold or jewels – he had discovered the true treasure that lay within his own heart. And as he set out into the world once more, his spirit alight with the fire of adventure, Elias knew that he would never be the same again.

Det Mystiska Fallet med Den Försvunna Fikan

I den charmiga staden Lund, inbäddad bland de böljande kullarna och grönskande skogarna i södra Sverige, fanns ett pittoreskt café känt som "Södergatan Fika." Det var en plats av värme och skratt, där doften av nyligen bryggt kaffe blandades med doften av kanelbullar, och ljudet av vänliga samtal fyllde luften.

På en krispig höstmorgon var caféet fullt av aktivitet när stadens folk samlades för att njuta av sin dagliga fika – en älskad svensk tradition att ta en paus för att njuta av kaffe och bakverk med vänner och familj. Men när klockan slog tio och caféets dörrar svingades öppna, ekade ett gasp av förtvivlan genom rummet.

Fikan hade försvunnit.

Panik spred sig genom caféet som en löpeld när gästerna letade febrilt efter något tecken på de försvunna bakverken. Bord vältes, stolar välte och röster steg i en kakofoni av förvirring.

Bland kaoset steg en ung kvinna fram, hennes ögon vidgade av beslutsamhet. Hon var en detektiv till yrket, med en skarp blick för detaljer och en näsa för problem. Och när hon överblickade scenen framför sig visste hon att hon var den enda som kunde reda ut mysteriet med den försvunna fikan.

Med en känsla av syfte som brann i hennes bröst gick Klara ut för att samla ledtrådar från brottsplatsen. Hon undersökte de tomma brickorna där bakverken en gång legat, sökande efter något spår av bevis som kunde leda henne till den skyldige.

Plötsligt föll hennes blick på en liten, skrynklig servett instoppad under ett av de välta borden. Den var fläckad med en smet av kanel och socker – en ledtråd, kanske, lämnad av tjuven i deras brådska att fly.

Med en känsla av spänning som pulserade genom hennes ådror grep Klara tag i servetten och gick ut för att följa spåret. Hon begav sig ut på Lundas gator, hennes sinnen levande av jakten pirr av spänning när hon sökte efter något tecken på den försvunna fikan.

När hon vandrade genom staden kunde Klara inte skaka av sig känslan av att bli iakttagen. Hon kände som om osynliga ögon följde hennes varje rörelse, lurade i skuggorna precis utanför hennes synfält.

Fast besluten att inte låta sig avskräckas pressade Klara på, hennes steg ekade mot de kullerstensbelagda gatorna när hon följde doften av kanel och socker genom Lundas vindlande gränder.

Till slut kom hon till en avlägsen innergård gömd i stadens hjärta. Där, mitt i en snårskog av murgröna och vilda blommor, hittade hon boven – en busig ekorre med ett skyldigt uttryck och munnen full av stulna bakverk.

Med ett triumferande leende lyfte Klara upp den vilseledande ekorren och återvände till Södergatan Fika, där stadens folk mötte henne med jubel och applåder.

Men när Klara satt bland skratten och samtalens sorl, smakande på sin seger med en ångande kopp kaffe och en nybakad kanelbulle, kunde hon inte låta bli att undra – vilka andra mysterier låg och väntade på att upptäckas i den charmiga staden Lund?

The Mysterious Case of the Missing Fika

In the charming city of Lund, nestled amidst the rolling hills and verdant forests of southern Sweden, there existed a quaint café known as "Södergatan Fika." It was a place of warmth and laughter, where the aroma of freshly brewed coffee mingled with the scent of cinnamon buns, and the sound of friendly chatter filled the air.

On a crisp autumn morning, the café bustled with activity as the townsfolk gathered to enjoy their daily fika – a cherished Swedish tradition of taking a break to enjoy coffee and pastries with friends and family. But as the clock struck ten and the café's doors swung open, a gasp of dismay echoed through the room.

The fika had vanished.

Panic spread through the café like wildfire as the patrons searched frantically for any sign of the missing pastries. Tables were overturned, chairs were upended, and voices rose in a cacophony of confusion.

Amongst the chaos, a young woman named Klara stepped forward, her eyes wide with determination. She was a detective by trade, with a keen eye for detail and a nose for trouble. And as she surveyed the scene before her, she knew that she was the only one who could unravel the mystery of the missing fika.

With a sense of purpose burning in her chest, Klara set out to gather clues from the scene of the crime. She examined the empty trays where the pastries had once lain, searching for any trace of evidence that might lead her to the culprit.

Suddenly, her gaze fell upon a small, crumpled napkin tucked beneath one of the overturned tables. It was stained with a smear of cinnamon and sugar – a clue, perhaps, left behind by the thief in their haste to escape.

With a sense of excitement coursing through her veins, Klara seized the napkin and set out to follow the trail. She ventured into the streets of

Lund, her senses alive with the thrill of the chase as she searched for any sign of the missing fika.

As she wandered through the town, Klara couldn't shake the feeling that she was being watched. She felt as though unseen eyes were following her every move, lurking in the shadows just beyond her line of sight.

Determined not to be deterred, Klara pressed on, her footsteps echoing off the cobblestone streets as she followed the scent of cinnamon and sugar through the winding alleyways of Lund.

Finally, she arrived at a secluded courtyard tucked away in the heart of the town. There, amidst a tangle of ivy and wildflowers, she found the culprit – a mischievous squirrel with a guilty expression and a mouthful of stolen pastries.

With a triumphant smile, Klara scooped up the wayward squirrel and returned to Södergatan Fika, where the townsfolk greeted her with cheers and applause.

But as Klara sat amidst the laughter and the chatter, savoring her victory with a steaming cup of coffee and a freshly baked cinnamon bun, she couldn't help but wonder – what other mysteries lay waiting to be discovered in the charming town of Lund?

Skuggor av Norrskenet

Stockholms gator, med sina höga byggnader och livliga folksamlingar, var levande med energi från en stad på gränsen till förändring. Men mitt i vardagens kaos fanns det en dold värld – en värld av hemligheter och skuggor som lurade precis under ytan.

I en svagt upplyst gränd i utkanten av staden samlades en grupp män i viskande samtal. De var arbetare, som arbetade på fabriker och lager som låg längs kajen, deras ansikten etsade av utmattning och beslutsamhet.

Bland dem stod Johan, en ung man med eld i ögonen och uppror i hjärtat. Han hade tröttnat på att slita bort i mörkret, på att se andra dra fördel av hans arbete medan han kämpade för att få det att gå ihop. Och nu, när han lyssnade på männen runt omkring sig tala om revolution och motstånd, visste han att tiden för förändring hade kommit.

Med en känsla av syfte som brann i hans bröst satte Johan ut för att samla sina medarbetare till saken. Han talade om orättvisa och ojämlikhet, om behovet av att resa sig och kräva en bättre framtid för sig själva och sina barn. Och långsamt men säkert började hans ord att tända en gnista av hopp i de hjärtan som lyssnade.

Men när Johans rörelse fick fart, gjorde också förtryckets krafter det. Fabriksägarna och myndigheterna betraktade Johan och hans följare med misstänksamhet och rädsla, och såg dem som inget annat än bråkmakare och agitatorer.

En ödesdiger kväll, när Johan och hans kamrater samlades i en improviserad möteslokal i utkanten av staden, möttes de av ett plötsligt och våldsamt ingripande. Dörrarna slogs upp, och en grupp beväpnade vakter stormade in i rummet, deras ansikten förvrängda av raseri.

Kaotiskt bröt ut när Johan och hans medarbetare slogs tillbaka mot sina förtryckare, deras nävar flygande och deras röster höjda i trots. Men trots deras mod var de inget match för den överväldigande kraft som stod emot dem.

I kaoset befann sig Johan ansikte mot ansikte med ledaren för vakterna – en man med kalla, beräknande ögon och ett snett leende av förakt på läpparna. Johan kunde se hatet brinna i mannens blick, kunde känna tyngden av århundraden av förtryck trycka ner på honom som en blytung mantel.

Med en plötslig och våldsam rörelse slog vakten till Johan, hans näve ansluter med en sjuklig duns. Johan stapplade bakåt, hans huvud snurrade och hans syn svävade när han kämpade för att hålla sig på fötter.

Men när han vinglade bakåt fick Johan syn på något som glänste i mörkret – en skärva av trasigt glas ligger bland rasmassorna från det krossade fönstret. Med en våg av adrenalin som flödar genom hans ådror, sträckte han ut och grep tag i det improviserade vapnet, hans fingrar stängde runt det med ett desperat grepp.

Och sedan, med ett primalt vrål av raseri och trots, kastade Johan sig framåt, driver skärvan av glas djupt in i vaktens bröst.

Tiden verkade stå stilla när vakten stapplade bakåt, hans ögon vidöppna av chock och oförståelse. Blod sprutade från såret, fläckade hans uniform och bildade en mörk, viskös pöl på golvet.

En stund var det tystnad – en dövande, tryckande tystnad som hängde tung i luften som ett svep. Och sedan, med ett ljudlöst skrik av fasa och indignation, stormade de andra vakterna framåt, deras vapen dragna och deras ansikten förvrängda av raseri.

I det kaos som följde slogs Johan med all styrka och desperation hos ett instängt djur. Han slog ut med nävar och fötter, slog ut mot sina angripare med en vildhet född av desperation och trots.

Men trots sina bästa ansträngningar fann sig Johan snart överväldigad av det överväldigande antalet som stod emot honom. Han kände slag som regnade ner på honom från alla håll, kände stinget av kött som revs och ben som bröts under det obevekliga angreppet.

Och sedan, med en sista, benkrossande påverkan, kände Johan sig själv glida in i mörkret – ett kallt, kvävande mörker som sväljde honom hel och bar iväg honom på en våg av smärta och förtvivlan.

När Johan vaknade, fann han sig själv ligga på den kalla, hårda golvet i en fängelsecell, hans kropp misshandlad och blåslagen, hans ande brutet och besegrat. Han kunde höra ljudet av röster som ekade genom mörkret – röster fyllda av ilska och förtvivlan, röster som ropade efter rättvisa och frihet.

Och när han låg där i mörkret visste Johan att han hade blivit en symbol för något större än sig själv – en symbol för kampen för befrielse och jämlikhet som brann i hjärtat hos alla dem som hade vågat att stå upp och kämpa mot förtryckets krafter.

Och även om hans kropp kanske varit bruten och hans själ krossad, visste Johan att motståndets låga aldrig skulle slockna – att så länge det fanns de som var villiga att stå upp och kämpa för det som var rätt, skulle skuggorna av norrskenet fortsätta att brinna klart i hjärtat hos alla dem som vågade drömma om en bättre värld.

Shadows of the Northern Lights

The streets of Stockholm, with their towering buildings and bustling crowds, were alive with the energy of a city on the brink of change. But amidst the chaos of everyday life, there existed a hidden world – a world of secrets and shadows that lurked just beneath the surface.

In a dimly lit alleyway on the outskirts of the city, a group of men gathered in whispered conversation. They were workers, laboring in the factories and warehouses that lined the waterfront, their faces etched with exhaustion and determination.

Among them stood Johan, a young man with fire in his eyes and rebellion in his heart. He had grown weary of toiling away in the darkness, of watching as others profited from his labor while he struggled to make ends meet. And now, as he listened to the men around him speak of revolution and resistance, he knew that the time for change had come.

With a sense of purpose burning in his chest, Johan set out to rally his fellow workers to the cause. He spoke of injustice and inequality, of the need to rise up and demand a better future for themselves and their children. And slowly but surely, his words began to ignite a spark of hope in the hearts of those who listened.

But as Johan's movement gained momentum, so too did the forces of oppression that sought to crush it beneath their heel. The factory owners and the authorities viewed Johan and his followers with suspicion and fear, seeing them as nothing more than troublemakers and agitators.

One fateful evening, as Johan and his comrades gathered in a makeshift meeting hall on the outskirts of the city, they were met with a sudden and violent crackdown. The doors burst open, and a group of armed guards stormed into the room, their faces twisted with rage.

Chaos erupted as Johan and his fellow workers fought back against their oppressors, their fists flying and their voices raised in defiance. But despite their bravery, they were no match for the overwhelming force arrayed against them.

In the midst of the chaos, Johan found himself face to face with the leader of the guards – a man with cold, calculating eyes and a sneer of contempt on his lips. Johan could see the hatred burning in the man's gaze, could feel the weight of centuries of oppression bearing down upon him like a leaden cloak.

With a sudden and violent motion, the guard lashed out at Johan, his fist connecting with a sickening thud. Johan stumbled backwards, his head spinning and his vision swimming as he fought to stay on his feet.

But as he staggered backwards, Johan caught sight of something glinting in the darkness – a shard of broken glass lying amidst the rubble of the shattered window. With a surge of adrenaline coursing through his veins, he reached out and seized the makeshift weapon, his fingers closing around it with a desperate grip.

And then, with a primal roar of rage and defiance, Johan lunged forward, driving the shard of glass deep into the guard's chest.

Time seemed to stand still as the guard staggered backwards, his eyes wide with shock and disbelief. Blood gushed from the wound, staining his uniform and pooling on the floor in a dark, viscous puddle.

For a moment, there was silence – a deafening, oppressive silence that hung heavy in the air like a shroud. And then, with a wordless cry of horror and outrage, the other guards surged forward, their weapons drawn and their faces twisted with fury.

In the chaos that followed, Johan fought with all the strength and desperation of a cornered animal. He lashed out with fists and feet, striking out at his attackers with a ferocity born of desperation and defiance.

But despite his best efforts, Johan soon found himself overwhelmed by the sheer force of numbers arrayed against him. He felt blows raining down upon him from all sides, felt the sting of flesh tearing and bones breaking beneath the relentless assault.

And then, with a final, bone-jarring impact, Johan felt himself slipping into darkness – a cold, suffocating darkness that swallowed him whole and carried him away on a tide of pain and despair.

When Johan awoke, he found himself lying on the cold, hard floor of a prison cell, his body battered and bruised, his spirit broken and defeated. He could hear the sound of voices echoing through the darkness – voices filled with anger and despair; voices crying out for justice and freedom.

And as he lay there in the darkness, Johan knew that he had become a symbol of something greater than himself – a symbol of the struggle for liberation and equality that burned in the hearts of all those who had dared to stand up and fight against the forces of oppression.

And though his body may have been broken and his spirit may have been shattered, Johan knew that the flame of resistance would never be extinguished – that as long as there were those who were willing to stand up and fight for what was right, the shadows of the Northern Lights would continue to burn bright in the hearts of all those who dared to dream of a better world.